日本居住福祉学会
居住福祉ブックレット
3

字の語源にみる
住福祉の思想

桓

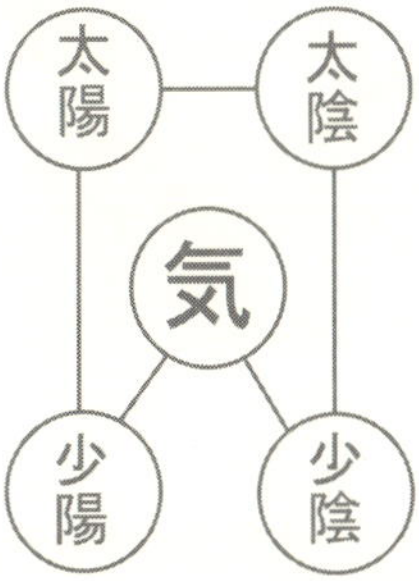

東信堂

目次／漢字の語源にみる居住福祉の思想

漢字の語源にみる居住福祉の思想

序—なぜ「居住福祉」なのか

1　本書が明らかにしたいこと

本書の目的は、「居住福祉」の理念を、東アジアにおける伝統的な居住文化から見出すことである。それによって、居住の本質をより一層掘り下げ、今日の住宅政策や都市計画などに新たな視座を提供することである。

そもそも「居住福祉」とは何なのか、それを取り上げる意味は何であろうか、を先に答えなければならない。

「居住福祉」は、「居住」と「福祉」の合成語であるが、斬新な意味がある。「福祉」は社会政策の概念としてそれなりの学問領域があるが、本来の意味での「福祉」は「幸福」である。この意味の原点に立つと、「居住福祉」は「居住における幸福」、または「居住による幸福」にほかならない。本書における「居住福祉」の理解は、この最も一般的な意味合いに立脚し、そこから出発するものである。

筆者は根本的に、居住とは「生きる場」を得ることであり、その場において、と同時にその場によって幸福を得ることであると考えている。人間は「居住」を生活の基本とすれば、その「福祉」（幸福）は「居住」と切り離して語れない。言い換えれば、「居住」をなくしては「福祉」は空中楼閣のようなものになるということである。したがって、「居住」の意味を「福祉」と関連して考え、「福祉」の意味を「居住」において考えることには意義がある。「居住」と「福祉」と結びつくことにより新たな意味が生まれることは、この概念の息づくところである。

居住という行為は一般に、「生活行為」の一つと見なされ、「働き」、「楽しみ」などの生活行為と区別され、建築学や都市計画学においては、「住宅」や「居住地」という生活の場と関連付けられる。これは筋立て上、例えば都市機能を考えるとき、人々の生活行為を「住む」、「働く」、「楽しむ」、「往来する」に分けるように、合理的な面はあるが、居住の意味を狭く評価してしまうこともある。「居」の語源的な意味に示されるように、居住には本来「おる」、「存在する」（一、において考察）、つまり「生きる」という意味が根底にあり、住居に住むことは「居住」の主な内容としても、ほかに、「働く」なども「居住」に包括されなければならない。これは英語のliveやlifeからも同様な理解が得られると考える。

日常生活の場所において考えると、各個人や家族に関わる「住宅」は、最も基本的であるとしても、それだけではない。町や都市、ないし国土という「全ての人」に関わるものもある。これらは全て「居住」を支える物的な場所となる。

住居から国土ないし地球までの様々なレベルの生活の場所を良くし、現在そこにいる人間と将来に来たる人間が幸福に暮らせる条件を提供することは、「居住福祉」の示す方向性である。人間の「居住」を論理の中心に据え置き、人間の「幸福」を目標に、「居住の場」としての可能性を最大限に求めることは、「居住福祉」の論理構造となる。

やや抽象的になってしまったが、本書を通して上の論理の根拠を具体的に解き明かしていきたいと考える。

2　東アジアの共通課題

日本居住福祉学会、中国房地産・住宅研究会（中国建設省の土地と住宅の研究部門）、韓国住居環境学会が「日中韓居住問題国際会議」を二〇〇一年に発足し、東アジアが抱える様々な居住の課題を巡って交流してきた。これまでは、「都市開発－社会主義的住宅政策における住宅商品化論」（第一回、中国北京二〇〇一年）、「健康住宅のあり方」（第二回、名古屋二〇〇二年）、「高齢者の居住問題」（第三回、中国大連二〇〇三年）、「社会的弱者の居住問題」（第四回、韓国春川二〇〇四年）、（第五回、奈良二〇〇五年）「東アジアにおける居住福祉の伝統と文化」というテーマが取り組まれてきた。筆者はこの国際会議を通して視野を広め、多くの知見を得た。

この会議は、東アジアの諸国が抱える「居住問題」を再確認し、危機意識を共有するという意味でも、非常に有意義なものである。社会制度や国の事情などが違い、居住に関しても問題の背景や現われ方は様々であるが、いずれの国も多くの課題を抱え、居住の社会保障と豊かさからみると遅れている面がある。高齢者や社会的弱者などの居住問題が取り上げられてきたが、これらは種々の居住問題の一端に過ぎない。社会政策における住宅政策の重要性が認識されつつも、戸数や面積を主眼とした「量」の解決が優先され、居住の「質」を必要条件とする居住福祉社会のために課題が残されている。「居住」の本質を問い直し、問題を深く見つめることが求められる。

筆者として特に感じた点は、似通った自然観と価値観をもち、悠久たる歴史文化を有しながらも、東アジアの独自の文化から出発した現代的理論の構築や、伝統に繋ぐような社会的仕組みと生活空間の構築に不十分な点があり、研究が大いに必要とされる。「西洋的な」近代化や経済主義からいかに脱却するかは、西洋と異なった文化と歴史を有する東アジアの一般的な課題であり、現在の「居住」を巡る諸問題を解決し、この地域に真の豊かさをもたらす居住政策と居住環境を構築するための重要な鍵でもある。

先に触れた日中韓の国際会議の第五回目は「伝統と文化」の課題を取り上げ、新たな側面での展開をみせた。特筆すべきことは、この会議で、「東アジア居住福祉宣言」(案)を採択し、「適切な居住の権利」の思想に基礎を据え置き、「居住福祉」の理念を提起したことである。そこで、「西洋近代化への過度の傾斜」が反省され、「東洋固有の居住の知恵」の重要性が強調された。「居住の権利」と「居住福祉」の思想を巡る東アジア独自の居住理論の構築は我々に課せられた重要課題であると考える。本書がこの課題の解明に向かっての、小さな一歩となれば幸いである。

一、漢字の語源にみる居住福祉の思想

1　語源を捜し求める目的

「居住」とは何か。この誰でも関わっており、常識とされることを的確に答えることは簡単ではない。一般に、居住は人間の生活様式として、主に建築学や住居学や家政学の研究対象とされている。しかし、地球規模の環境破壊や人間の「心」の崩壊が顕著となっている中、生活の基本をなす「居住」のあり方を見直し、人間の最も身近な環境である「居住環境」から問題を考えていくことは、その他の分野にとっても大切となってきている。孔子には、「欲治其国者、先斉其家…

（国を治めるために、まず家を良くする）」とある。これは国家レベルの仕事においても個人の居住を軽視してはならないことを示している。「居住」は個人にとっても、社会にとっても、また、いつの時代においても軽視できない問題である。

この章では居住の本質を問う目的で、漢字語源への考察を通して、漢字に含まれている「居住」と「家屋」の意味を深く掘り下げようとするものである。象形文字から発展してきた漢字概念は一種の記号として、生活、思想、歴史など多くの内容を凝縮する。それに着目した言語学の研究は既に多く存在することを言うまでもない。本研究は、言語学にみられるような、例えば漢字の「成り立ち」についての考究ではなく、一定の成り立ちを有する漢字を関連付け、ひとまとめとなる漢字群から見出される生活的な意味を読み取り、「居住」の本質に照らし合わせて考えることである。

本書の考察は、居住を意味する「居」、及び屋根と家屋の意味を有する「宀」冠の付く漢字を対象に、その古来の意味に着目しながら、分類・整理を通して「居住」と「家屋」の潜在的な意味を明らかにすることである。研究方法は歴史から現代までのいくつかの代表的な辞書を用いて、対象となる漢字を選定し、分類・関連付け・分析を行うという方法をとった。なお、辞書に載っているものでも、絶対的な正解とは限らず、本書は辞書の解釈を一説として扱うものである。

主に利用されている辞書及び利用の理由は次のとおりである。

①［漢代］『説文解字』。[1] 系統的に字形と字源を考究した中国最初の字典とされ、漢字の元の意味を調べるのに役立つ。

②［清代］『康熙字典』。[2] 古代の応用例を多く掲載しながら文字の変遷をみせ、俗体字も数多く載せているところに特徴がある。文字の変遷を考察するのに役立つ。

③［現代］『辞源』。[3] 長年の歳月を経て編集された近現代の辞書で、言葉の源を調べるのに役立つ。

④［現代］『辞海』。[4] 総合的な辞書として、豊富な内容が網羅されている。

⑤［現代］『現代漢語字典』。[5] 現代漢語を扱う標準的な字典であり、現代に使われている漢字を選び出し、現代的な意味を調べるのに役立つ。

⑥［日本］『広辞苑』。[6] 日本で使われている漢字と意味を調べるのに使う。

⑦［日本］『新字源』。[7] 日本の学者による漢字の解説を参考する。

2 「居」の成り立ちと意味

今日、「居住」という意味で使われている「居」は本来「凥（きょ＝おる）」と表記されていたことは『説文解字』から分かる。「居」と「凥」は、成り立ちが異なりながらも、両概念は通じていた。「居」は本来「蹲」、つまり「しゃがむ」という意味で、「凥」は「処」、つまり「おる」、または「踞」、つまり「すわる」という意味であった。

「凥」は「尸」と「几」で構成されている。「尸」は「横たわる体」の象形文字から来ており、『説文解字』では「陳」と解釈し、つまり「長くおる」ということであり、『釈名』には、「舒」という解釈もあり、つまり「心地よい」ということである。『説文解字』は「凥」について、「尸」（体）が「几」（腰掛け）を得て「止」（休む）と説明し、また、『孝経』における「仲尼凥」という文を引用して、「閑居」（安らかに住む）と解釈している。

文字の成り立ちからみると、「居住」を意味する「凥」はもともと、腰掛けの前で坐ってもしくは横になってくつろぐ、という生活内容から来た概念で、したがって、そこからは「居住」における「くつろいで休む」ことの重要性を見出すことができる。「凥」に示されている生活の原形は今日においても、例えばコタツの前で寝転がってくつろぐ日本人の日常的生活からみることがで

図1　「居」とその古字

図2　「居」から発生した意味

きる。

「居」の古字（異体字）には「宀」冠に「古」という表記もあった（**図1**）。「宀」は屋根の象形文字から来た概念で（後文で詳細に考察する）、したがって「居住」の概念は家屋との関連からも捉えられていたことが分かる。また、今日「家屋」を表わす「屋」や「宅」という文字は、古い意味に「居住」という動詞的な意味もあったことからも、「居住」と「家屋」の関係は分離できないことにあると言える。

「居」は「居住」という基本的な意味から、「置かれる」、「止まる」、「安心」、「蓄える」などの意味が発生する。基本的な意味と発生した意味を内側と外側に並べておくと、**図2**のように示すことができる。辞書に挙げられている古典の用例をいくつか取り上げてみよう。

① 「置かれる」意味について

『書』には「居上克明、居下克忠」とあり、つまり地位が上に置かれても愚昧にならずに、賢明を保ち、地位が下に置かれても忠誠を守るということである。また、「居安思危」とあり、つまり安全のときでも危険を予測する意味である。

②「止まる」、「静止する」意味について

『易』「繫辞下」には、「為道也屢遷、[8]変動不居」とあり、これは「易」が示す論理は静止せず、しばしば変化することを言っている。

③「安心」の意味について

『康熙字典』によれば、「居」について宋代『広韻』には「安」（安心）という解釈がある。『礼記』[9]「王制第五之二」には、「凡居民、量地以制邑、度地以居民、地、邑、民居、必参相得」とある。つまり民を安心させる方法は、土地を計って都市をつくり、敷地を与えて民を安心させる。しかも土地と都市と民家はバランスを取らなければならないということである。その文の続きとして、「休んでいる土地はなく、遊民はおらず、物（食べ物）事は節度であり、民は皆安心に居住し、職業に楽しみ、上の人を尊重し、学ぶことに熱心する」というような内容がある。民心を安定させることは「居住」を与えることで、これは国を治める者自身が「居」（安心）を得ることでもあるのだ。

④「蓄える」意味について

『書』「益稷」には、「懋遷有無化居」とあり、つまり貿易が盛んで、在庫はないということである。

これらの「居」から発生した意味は、「居住」にある属性としても理解できる。つまり居住することは安定を得ることで、「安心」が伴い、蓄えながら生活を営むことである。家屋に守られながら安らかに暮らす居住の意味は、「居」という文字の成り立ちに含まれていたのである。

3　「宀」冠の付く家屋関係の漢字について

「宀」（ウかんむり）は屋根を意味する象形文字から来ている（図3）。現代では使わないが、それ自体は一つの漢字となり、「メン」という発音である。『説文解字』では「交わる屋根で覆われる大きい家屋」と説明する。『康熙字典』には明代学者田芸衡の説を引用し、「先人は洞窟に住み、野で暮らし、「宮」や「室」はなかった。（順序からいうと）まずは「宀」があって、次に「穴」がある。……後の「室」、「家」、「宮」、「守」の諸制度はみなそこから始まる」とある。この説は推

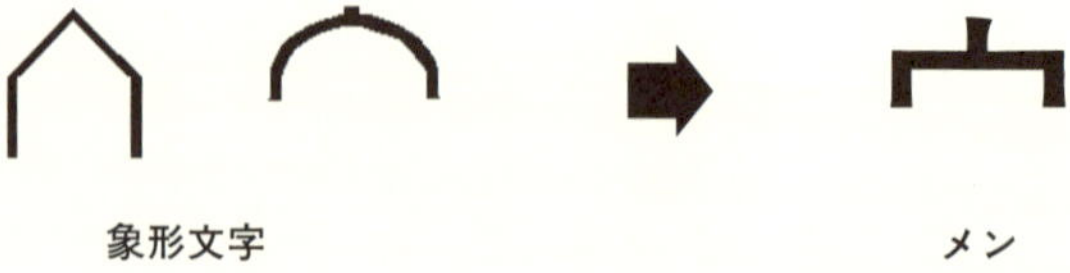

「田芸衡曰」古者穴居野処、未有宮室、先有宀、而後有穴。宀当象上阜高凸、其下有凵、可藏身之形。故穴字従此、室、家、宮、宁之制皆因之。

図3　「宀」の由来

論に過ぎないが、家屋の原形は「屋根」に意味があり、「宀」という漢字にあることを示している。

次は「宀」冠を有し、家屋と関係のある漢字について考察したい。**表1**はその漢字の一覧である。『康熙字典』から分かるように、歴史的にその類の漢字は多岐にわたっているが、ここでは現代まで残された漢字のみ対象とする。『現代漢語字典』から漢字を取り出し、『説文解字』を参考しながら成り立ちを分析し、家屋と関係のないものを取り除き、研究対象を絞り込んだ（**表1**）。表において「常用漢字」と「非常用漢字」を分けたのは、見やすくするためである。

研究対象となる漢字は名詞、動詞、形容詞の三種類に分類することができる。次は分類したものについて考察する。なお、同じ漢字でも複数の品詞として使われる（例えば名詞としても動詞としても使われる）ことがあるため、この場合は、複数の項目において考察している。

表1　「宀」冠を有する漢字の一覧と研究対象の選択

対象となる漢字（計61字）	常用漢字（36字）	安 宇 守 宅 完 宏 官 宜 実
		［實］宗 宙 定 宝［寶］客 室 宣
		宴 家 害 宮 宰 宵 容 寄 寂
		宿 寒 富 寛 寡 寝［寢］察 寧
		［寍］審 寮 写［寫］
	非常用漢字（25字）	宀 宄 宁 宋 宔 宛 宕 宓
		宥 宬 宭 宧 宸 宷 寇 寓
		寊 寐 寘 寥 寤 寰 寠 寱
		寵
対象外の漢字		它 字 宍 牢 案 寅
		宨 寔 密 蜜 憲 賽
		賓 塞 寨 褰 謇 蹇
		搴 騫 鶱 寯

注：①上の漢字は「宀」を除き、中国の『現代漢語字典』と日本の『広辞苑』をもとに選んだ。
②文字の成り立ちは「宀」と関係なく、あるいは別の文字の異体字である場合は「対象外の漢字」とした。
③［　］括弧内の漢字は現代字に対応する昔の書き方（繁体字）である。

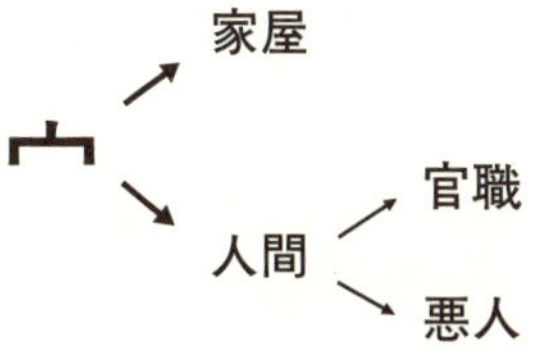

図4　名詞の種類

(1)　名詞対象について

名詞の漢字グループは、家屋と建築を表わすものと人間を表わすものの二種類に分けることができ、人間を表わすものは官職と悪人の二種類に分けることができる（**図4**）。**表2**は家屋と建築を表わすもの、**表3**は居住生活を表わすもの、**表4**は人間を表わすものをまとめている。表の中の「意味」欄は、関連性のある主なものを扱っており、全ての意味の網羅ではない。一部の漢字（例えば「宕」）の意味は、現在の語意にほとんど残っていないこともある。

表2　家屋・建築空間に関わる漢字

	意味	備考
宀 メン／mian2	もと、高い屋根に覆われた家屋の形にかたどり、家屋の意を表わす。これを部首にして、家屋の種類・部分・状態、屋内に置くなどの意を示す字ができる。屋根。家。四方に深く屋根をたれた家。	「説文」交覆深屋也。「田芸衡曰」古者穴居野処、未有宮室、先有宀、而後有穴。宀当象上阜高凸、其下有凹、可蔵身之形。故穴字従此、室家宮宁之制皆因之。
宁 チョ／zhu4	古代の宮室において屏と門との間をさす。帝王が政務を聞くときの立った場所。	「爾雅釈宮」門屏之間謂之宁。「礼曲礼」天子当宁而立つ。
宇 ウ／yu3	もと、家の四方のすみ、ひいて覆うところの意を表わす。のき。屋根。家。天地四方。無限の空間。	「説文」屋辺也。「易繫辞」上棟下宇以避風雨。
宅 タク／zhai2	もと、身を寄せて落ち着く所の意を表わす。いえ、すまい、やしき。いどころ、身を置く所。いる、居住する。官を務める。安定。墓地。…	「説文」所托也。「爾雅釈言」居也。「釈名」宅択也。択吉処而営之也。
宋 ソウ／song4	『説文解字』に「居」と解説され、現在は春秋十二列国の1つである国名或いは王朝名しか意味しない。	「説文」居也。徐曰：木所以成室以居人也。
宔 シュ／zhu3	みたまやの位牌を納める石室の意味。	「説文」宗廟宔祏。
宬 セイ／cheng2	蔵書室。後に皇室に帝王の直筆、実録、重要書籍などを置く場所を指す。明代には「皇史宬」があった。	「説文」屋所受容也。「字匯補」蔵書之室也。

宗 シュウ／zong1	先祖のみたまや。祖先。同姓の族。…	「説文」尊祖廟也。
宙 チュウ／zhou4	もと、屋根の内側のふくらみを表わす。のきとむな木との間。天地の間の広がり。空間。時間	「説文」舟車所極覆也。下覆為宇、上尊為宙。「玉篇」居也。徐鉉曰：凡天地之居万物、猶居室之遷貿而不覚。
宕 トウ／dang4	岩屋、洞窟。	「説文」過也。一曰洞屋。
室 シツ／shi4	もと、行き止まりの奥部屋の意を表わす。へや。奥の部屋。家。妻。墓穴。…	「説文」實也。従宀従至、至所止也。「易繋辞」上古穴居野処、後世聖人易之以宮室
家 カ／jia1	いえ。うち。住まい。家を構える。夫。…	「説文」居也。「爾雅釈宮」戸牖之間曰扆、其内謂之家。
宮 キュウ／gong1	みや。大きな建物。いえ。天子のいるところ。…	「説文」室也。「釈名」宮穹也。屋見垣上穹隆然也。
宸 シン／chen2	奥の部屋。天子の住まい。「宸居」。	「説文」屋宇也。「賈逵曰」室之奥者。後人称帝居曰宸。「増韻」帝居北宸宮、故従宀従辰。亦曰楓宸。帝居高広、惟楓修大可構也。
寓 グウ／yu4	よる。よせる。かりずまい。やど。	「説文」寄也。「孟子」無寓人於我室。
宿 su4／シュク	もと、家の中の席につく、「やどる」意。やどる、とまる。やど。…	「説文」止也。「玉篇」夜止也。住也。「増韻」安也。守也。
寮 リョウ／liao2	もと、政務をとりはかる役所の意。つかさ、役所。僧舎。同僚。…	「正字通」寮、小窓也。楊慎曰、古人謂同官為寮、亦指斎署同窓為義。

寰 カン／huan2	宮殿の周囲のかきね。天子直轄の領地。天下、世界。治める土地全体。	「説文」王者封畿内県也。「正字通」宮周垣也。
寝（寢） シン／qin3	もと、清浄な神殿を表わしたが、古代貴人の病者は神室に寝たことから、寝屋の意味に転じる。みたまや、廟の奥の部屋。正室。寝る。…	「説文」臥也。「爾雅釈宮」無東西廂有室曰寝。

表3　人間に関する漢字

		意味	備考
官職	守 シュ／shou3	もと、家にあって事をつかさどる、ひいて「まもる」意を表わす。つかさどる。まもる。官名の一つ。…	「説文」守官也。寺府之事者従寸、寸法度也。
	官 カン／guan1	役所、官庁。やくめ、つとめ。役人、官吏。	「説文」吏事君也。「玉篇」宦也。
	宦 カン／huan4	つかえる。まなぶ。官職を求める。つかさ。…	「説文」仕也。
	宰 サイ／zai3	もと、宮中の餐宴をつかさどる者、ひいて官吏の長をいう。つかさどる、主宰。つかさ、官吏。料理の世話をする、またはその人。	「説文」官称。罪人在屋下執事者。「玉篇」治也。「増韻」主也。
	寀 サイ／cai3	古代の官の名前。	「説文」同地為寀。「爾雅釈詁」寀、寮官也。
	寮 リョウ／liao2	もと、政務をとりはかる役所の意。つかさ、役所。僧舎。同僚。…	「正字通」寮、小窓也。楊慎曰、古人謂同官為寮、亦指斎署同窓為義。

悪人		
宄 キ／gui3	よこしま。「姦宄」	「説文」姦也。外為盗内為宄。「書舜典」寇賊姦宄汝作士。
寇 コウ／kou4	もと、他人の家に押し入って、人を打つ様により、他人に大害を加える意を表わす。害を加える。損なう。	「説文」暴也。従攴従完。当其完聚而寇之也。「増韻」仇也。賊也。

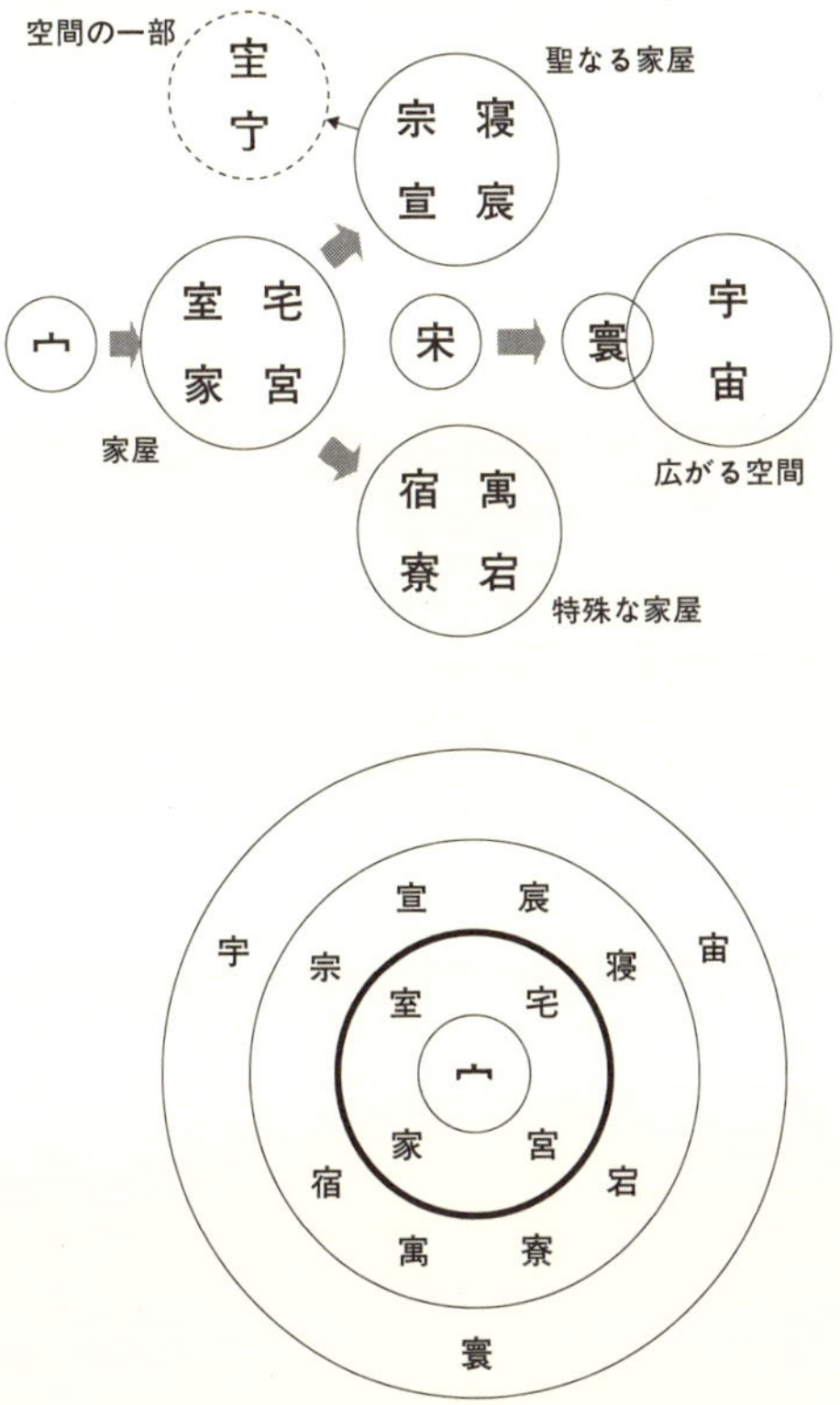

図5　家屋・建築関係の漢字概念と相互関係

家屋や建築に関わる漢字は、その表わしている意味によっていくつかのグループに分類することができ（**図5の上**）、また、生活との関係から考えると、いくつかの段階に分けることができる（**図5の下**）。そこで、例えば「寰」は天子の領地を意味し、「宇宙」は無限に広がる世界を意味するようなことでも、「宀」が冠する言葉によるもので、家屋の概念と関係をもっていることは興味深い。

(2) 動詞対象について

居住に関する動詞の概念は、「身を寄せること」と「寝ること」に関するものが多くみられ、それらを「居住すること」と見なすことができる。そのほかに、例えば「まもること」や「整理すること」や「察すること」に関するものがある（**図6、表4、表5**）。

居住することに関する漢字の中に、「床」を意味する「爿」の部分が付いているものは、全て睡眠と関係のある概念である。その他の動詞はいくつかの違った意味に分かれるが、共に家屋と密接に関連することが察され、その中で行った行為によって物事が整理整頓され、明確になり、気が済むというようなことが潜在的にあり、注目すべき点であろう。「察」

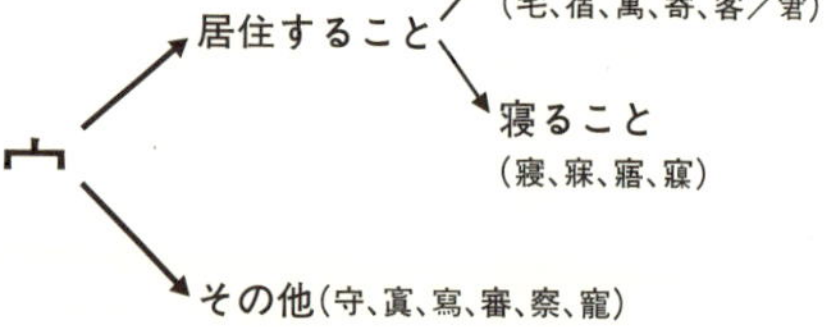

図6　動詞の種類

表4　居住することに関する漢字

	意　味	備　考
宅 タク／zhai2	もと、身を寄せて落ち着く所の意を表わす。いえ、すまい、やしき。いどころ、身を置く所。いる、居住する。官を務める。安定。墓地。…	「説文」所托也。 「爾雅釈言」居也。 「釈名」宅択也。択吉処而営之也。
寓 グウ／yu4	よる。よせる。かりずまい。やど。	「説文」寄也。 「孟子」無寓人於我室。
宿 su4／シュク	もと、家の中の席につく、「やどる」意。やどる、とまる。やど。…	「説文」止也。「玉篇」夜止也。住也。 「増韻」安也。守也。
客 キャク／ke4	身を寄せる。よりつく。訪問者…	「説文」寄也。 「広韻」賓客。
宭 クン／qun2	群居の意味。ひいて集まる意味を表わす。	「説文」群居也。
寄 キ／ji4	もと、屋下に身を寄せる意。よる。よせる。…	「説文」托也。 「増韻」寓也。
寝（寑） シン／qin3	もと、清浄な神殿を表わしたが、古代貴人の病者は神室に寝たことから、寝屋の意味に転じる。みたまや、廟の奥の部屋。正室。寝る。…	「説文」臥也。 「爾雅釈宮」無東西廂有室曰寝。
寐 ビ／mei4	ねる、ねむる。（対「寤」）	「説文」臥也。 「広韻」寝也。息也。

寤 ゴ／wu4	覚める、目覚める（対「寐」）。さとる（通「悟」）。さかさ……	「説文」寐覚而有信曰寤。
寱 ゲイ／yi4	寝言。	「説文」瞑言也。「徐鉉曰」今人謂夢中有言為寱語。

表5　その他の動詞

	意味	備考
守 シュ／shou3	もと、家にあって事をつかさどる、ひいて「まもる」意を表わす。つかさどる。まもる。官名の一つ。……	「説文」守官也。寺府之事者従寸、寸法度也。「玉篇」収也。視也。護也。
寘 シ／zhi4	置く。	「説文」置也。「正韻」納之也。猶言安著也。
寫 シャ／xie3	もと、外から家の中に物を移しおろす、転じて物をうつしとる意を表わす。おろす。のぞく。注ぐ。うつす。	「説文」置物也。「広韻」除也。程也。「増韻」傾也。尽也。輸也。
察 サ／cha2	しる。みる、観察。あきらかに。考える、推察。	「説文」覆審也。「徐鉉曰」祭祀必質明、明察也、故従祭。
審（宷） シン／shen3	もと、覆われているものを分けて明らかにする、細かに知る意を表わす。明らかにする。つつしむ。詳しい。	「説文」悉也。「徐鉉曰」宀覆也、釆別也。包覆而深別之也。
寵 チョウ／chong3	もと、竜神をまつる宮殿の意味で、ひいて、「めぐみ」の意を表わす。たっとい。ほまれ。愛する。気に入る。	「説文」尊居也。一曰愛也。恩也。「易師卦」承天寵也。

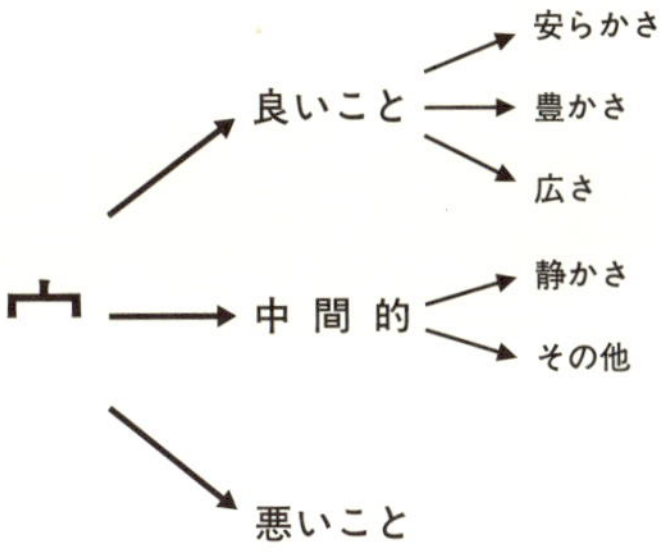

図7　形容詞の種類

と「審」はなかなか理解しにくいが、考えられるのは、それらの行為は本来、室内で行われ、家屋の下にあったことだったかもしれない。

(3) 形容詞対象について

形容詞は良い意味を示すものと、悪い意味を示すものと、中間的な意味を示すものの3種類に分けることができる(**図7**)。「中間的」とは、プラスの方かマイナスの方か、明確に判断しにくいものである。良い意味を示すものには、例えば安らかさや豊かさや広さなどを意味するものがあり、中間的なものには、例えば静かさなどを意味するものがあり、悪い意味を示すものには、例えば

表6　安らかさを示す漢字

	意味	備考
安 アン／an1	家の中に女が坐っている様により、静かに止まる、ひいて安らかを表わす。安んじる。安心する。満足する。…	「説文」静也。従女在宀下。 「広韻」徐也。止也。
宜・宐 ギ／yi2	宀の中に肉の供え物をささげた様により、祈る、転じて物事のさしさわりのない意を表わす。よろしい。	「説文」所安也。「増韻」適理也。 「詩周南」宜其室家。

定 テイ／ding4	もと、屋内に物を整えておく、ひいて「さだめる」意を表わす。定める。整えておく。安定。決める。治める…	「説文」安也。従宀従正。 「増韻」静也。正也。凝也。決也。
宓 ヒツ／mi4	安らか。ひそか。静か。とどまる。	「説文」安也。 「玉篇」止也。静也。黙也。
宴 エン／yan4	もと、屋内で安んじる意味で、転じて、酒盛りして「たのしむ」意を表わす。くつろぐ。たのしむ。酒宴。	「説文」安也。 「爾雅釈訓」宴宴居息也。
寧（寍） ネイ／ning2	やすんじる、安らかにする。やすい。おだやか、無事である。…	「説文」安也。従宀心在皿上、人之飲食器所以安人。

表7　豊かさを示す漢字

	意　味	備　考
実（實） ジツ／shi2	もと、家の中に財宝が満ちる意味で、ひいて「みちる」、転じて、「みのる」意を表わす。みちる、ものがいっぱいある。とむ。みのる。財。…	「説文」富也。貫貨貝也。 「孟子」充実之謂美、充実而有光輝之謂大。
宝（寶） ホウ／bao3	もと、玉などを大切に家にしまっておく意味で、ひいて、財宝の意を表わす。たから。金、銀、珠玉などの類。	「説文」珍也。従宀従王（玉）従貝。 「易繋辞」聖人之大宝曰位。
富 フ／fu4	もと、家に財が満ちる意味である。とむ。豊か。富ます。とみ。…	「説文」備也。一曰厚也。 「易繋辞」富有之謂大業。
完 カン／wan2	もと、屋根をぐるりと巡らす、転じて、欠けるところがない、「まったい」の意を用いる。完全、出来上がっている、完了。しっかりと守る、安全にする。成し遂げる。	「説文」全也。従宀元声。古文以為寛字。 「荘子」不以物挫志之謂完。「玉篇」保守也。

表8　広さを示す漢字

	意味	備考
宏 コウ／hong2	もと、広い家屋の響きの意味で、ひいて、「ひろい」意を表わす。ひろい、大きい。	「説文」屋深響也。 「玉篇」大也。「増韻」広也。
宥 ユウ／you4	ゆるい。ゆるす。なだめる。	「説文」寛也。
寛 カン／kuan1	もと、広い家の意味で、ひいて、「ひろい」意を表わす。ひろい。ゆるやか。ゆるやかにする。くつろぐ。…	「説文」屋寛大也。 「易乾卦」寛以居之。
容 ヨウ／rong2	いれる。ゆるす。なかみ。	「説文」盛也、従宀従谷。 「徐鉉曰」屋与谷皆所以盛受也。

表9　静かさを示す漢字とその他

	意味	備考
寂 ジャク／ji4	もと、家の中が人声もなくひっそりしている意味で、ひいて、「さびしい」意を表わす。しずか。さびしい。…	「説文」無人声也。 「広韻」静也。安也。
寞 バク／mo4	寂しい。しずか。ひっそりとしている様。	「説文」寂寞無声也。
寥 リョウ／liao2	むなしい。空虚。さびしい。しずか。奥深くて広い。ひいて大空の意。	「説文」空虚也。 「玉篇」寂也。廓也。
宵 ショウ／xiao1	もと、屋内が暗くなった夕方の意を表わす。日が暮れた時刻。よる。似る。	「説文」夜也。宀下冥也。

宛 エン／wan3	もと、屋根が半球形をなすことが原義であったと考えられる。まがる。丘。…	「説文」屈草自覆也。

表10　病害や貧困を示す漢字

	意　味	備　考
害 ガイ／hai4	そこなう。さまたげる。いむ。わざわい。	「説文」傷也。従宀従口。口言従家起也。「徐曰」禍当起於家生於忽微。故害従宀。
寒 カン／han2	もと、屋内で身をかがめ草のしとねにくるまっている様を表わす。こごえる。さむい。さむさ。時節	「説文」凍也。従人在宀下、以艸薦覆之。「易繋辞」日月運行一寒一暑。
寡 カ／gua3	すくない。ひとり。やもめ。弱い。王侯の自称。	「説文」少也。従宀従頒。頒、分賦也。故為少。「爾雅釈詁」罕也。
窶 ロウ／lou2	まずしい。やつれる。やせおとろえる。「貧窶」	「説文」無礼居也。「爾雅釈言」貧也。謂貧陋也。

病害や貧困を示すようなものがある（**表6～表10**）。

「安らかさ」を示す漢字の中に、例えば「宜」と「宴」は現在、意味が大きく変わっているが、考えてみると、「宜しいこと」も楽しい宴会も「安心」や「安定」を前提としなければならないことである。

「完全」や「完璧」を意味する「完」の概念は分類しにくいが、「豊かさ」を示す概念と見なして

図8　「寒」の由来

表7に入れた。「全」や「璧」はもともと「玉」と関係のある概念であるため、「完全」であることや「完璧」であることは「宀」（家屋）と「玉」と関係することは意味深く、家屋と玉は他のものよりも重要であることが見出される。

広さを示す概念が「宀」（家屋）と関係するということは、人間のつくったものとして、家屋よりも広いものは少なかったではないかと考えられる。あるいは別の意味で考えると、家屋は「広さ」の概念を示す良い基準であった。

静かさを示すものは、家屋にみられた現象からできた概念だと考えられるが、これは別の意味で考えると、家屋（家屋の中で得た経験）は物事を判断する基準や尺度になっていたということになる。

「寒」は人が家屋の中に身をかがめ、草の「しとね」にくるまっている象形文字からきている（**図8**）。寒さを凌ぐのに、「家屋」に勝るものはなく、家屋は人間を寒さから守る最も大切なものであることを示したと言える。

「害」は家から始まる傷病の意味であった。『説文解字』の解釈について、宋代の徐鉉は補足説明を加え、「災いは家から始まり、油断によって生じ、だから宀に従う」としている。家屋から由来する傷病は油断できず、一大事であった。このこ

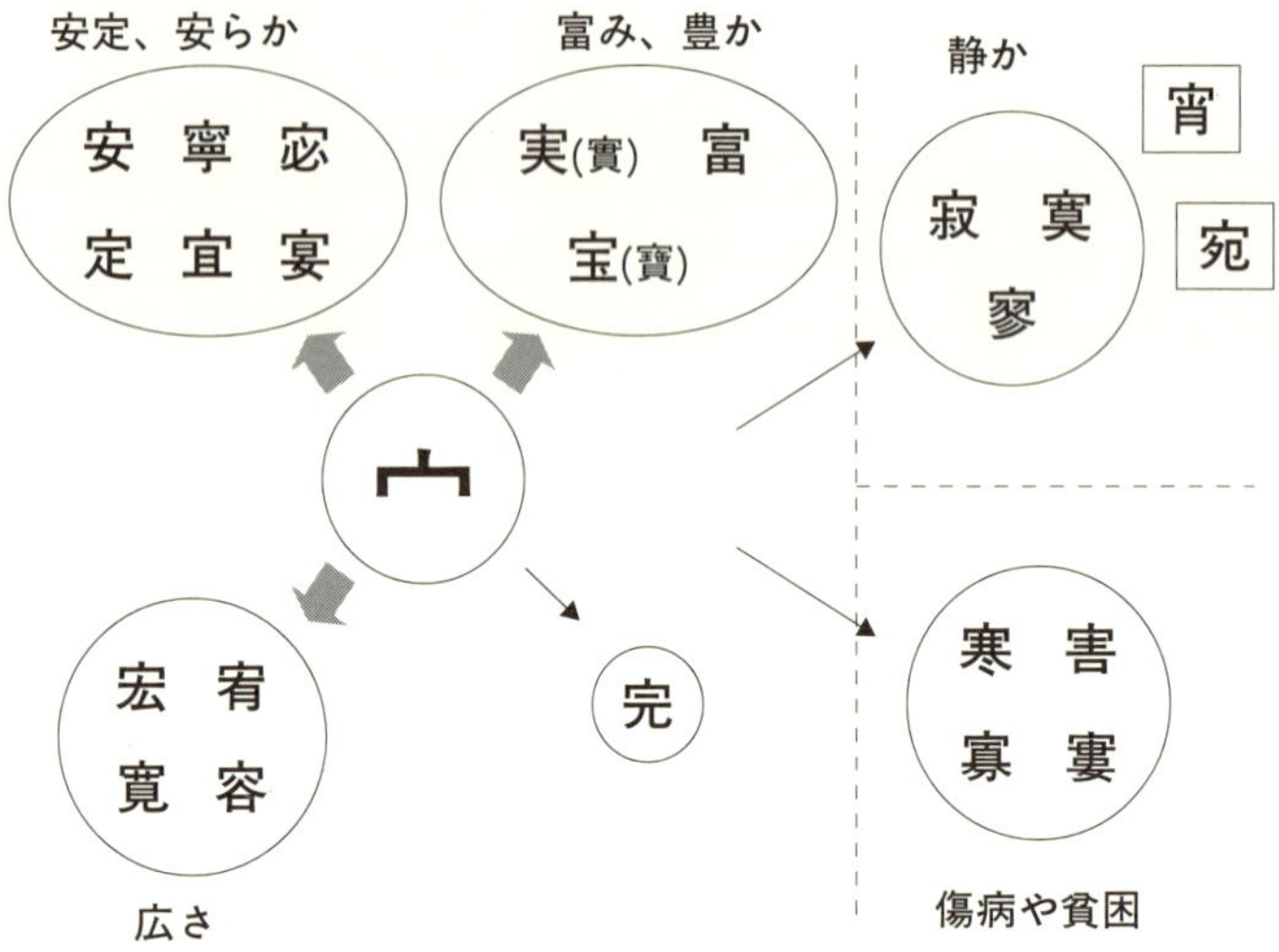

図9　形容詞の漢字にみられる諸関係

とは、例えば風水陽宅における「却病」の理論(家屋による病気を避けること。二、で詳細に考察)からも、家屋の健康への影響を重視する視点がみられる。「災」は「水」と「火」と関係する概念であるため、「災害」という概念には、「水害」や「火事」などの禍は一大事であることを示すと同時に、「家屋」から由来する災いや傷病も油断できないことを示していることを見失ってはならない。

形容詞の漢字における諸関係を**図9**のようにまとめてみた。図の左側は良い意味であり、家屋に求められる性質あるいは性格でもあると考えられる。図の右上の中間的な意味は家屋にとってどちらでも良くても、右下にある負の側面は避けたいことである。

4　漢字語源からの啓示

　右の考察は分類を通して、一見関係のない文字概念を関連付けることができ、新しい見方から意味の発見ができた。文字の発生は一般に複雑な歴史と契機が背後にあるが、本考察は個々の文字概念における歴史軸にかかわらす、一つの平面において、いわば「空間軸」から眺めるものとなった。厳密な考察に至らないところは多少あり、更なる研究の必要性はあるが、この作業を通して文字に内在するある種の傾向を見出すことができ、「居住」及び「家屋」に潜む広い意味の発見につながったと考える。

「居住」は、「安らかに休む」ことが基本としながらも、「家屋」という物的条件と「安心」という心的条件とは切り離せず、「蓄える」ことも重要である。「居」の意味には、「おる」、つまり「存在する」ニュアンスの内在から、良き居住こそ良き存在に繋がるものだと考えられる。

　家屋の概念と関係の深い「宀」冠のある文字について、個々の文字概念がもつ意味を家屋と関連づけ、照らし合わせることによって、「家屋」に潜在する意味の広がりが見出せた。

　そこで、名詞概念に関しては、個々の文字を一定の位相関係において並べ、異なるレベルの空間と「家屋」との関連性を見出すことができた。「宇宙」という壮大なものも「家屋」の概念と切り離せない関係にあることは興味深い。

「宀」冠が付く動詞概念に関しては、居住行為と関連する概念が多かった。

形容詞概念に関しては、良い意味をもつ概念が多く見られ、とりわけ「安らかさ」と「豊かさ」を意味する概念は注目すべきである。形容詞概念からはまた、家屋は物事を判断する基準と尺度として重要な役割を果たしたことが分かった。これは、家屋は人間にとって、身近で、理解しやすく、共通できるものを意味する。次章の風水説の考察において、住居は倫理と社会の規範とされたことからも、この「基準」や「尺度」としての役割が裏付けられる。

一方、形容詞概念に関してマイナスの意味合いをもつ文字は、数が少ないが、無視できない。貧困や傷病や災害などは「家屋」にも関連し、家屋から受ける打撃やマイナスの影響は軽視できない。居住環境における影響の考え方については、次章において別の側面からさらに考察を加える。

住居は人間存在を支え、生きることを豊かにし、身近の生活と大いなる世界を繋げる役割がある。「安心居住」の考え方は常識であるが、容易に得られるものではなく、社会の現実として解決済みのことでもない。居住に関する不安は依然として社会に多く存在し、他の社会問題を引き起こす要因にもなりかねない。「居住」には多くの課題があり、広く解明すべきである。

注及び参考文献

1 〔漢〕許慎『説文解字』中華書局、一九九五年。

2 〔清〕張玉書他編『康熙字典』広州出版社、一九九五年。

3 辞源修訂組編『辞源』商務印書館、一九八八年。

4 辞海編集委員会編『辞海』上海辞書出版会、一九八九年。

5 中国社会科学院語言研究所詞典編輯室編『現代漢語詞典』商務印書館、一九九五年。

6 新村出『広辞苑』（第四版）岩波書店、一九九七年。

7 小川環樹他編『新字源』角川書店、一九八〇年。

8 〔明〕朱熹（注釈）『四書五経』中国書店、一九八五年。
黄寿祺・張善文『周易訳注』上海古籍出版社、二〇〇二年。

9 孫希旦『礼記集解』中華書局、一九八九年

二、風水理論にみる居住福祉の思想

1　なぜ「風水」をみるのか

「風水」は、中国をはじめ、アジアの多くの地域に流布し、生活に広く影響を与えた東洋学の一つで、「術数」という領域に属し、特に「地理」や地形や生活場所に関わる理論である。名称に関して「風水」のほかに、「地理」、「堪輿」なども使われ、現在日本では、一般に「風水説」や「風水理論」と称され、筆者もこの呼び方を踏襲している。我々はその「占い」の側面を常識としてよく知り、本屋の棚でも容易にみることができるが、それはその理論体系に求められた応用的な出口の一つである。

風水理論は特に生活場所の計画に影響を与え、都市、村落、住宅、墓地などの立地や空間の計画に応用されてきた。その影響により、良い意味で言うと、人間とその生活する自然環境との間に調和した関係が得られ、地域のアイデンティティや美しい風景が形成される。それを裏付ける事例は多くあり、筆者が九〇年代初期から調査研究し、その後世界遺産として登録された中国安徽省徽州地区にある「宏村」という集落は代表例として挙げられる。[1] また、筆者が近年調査した中国大連螞蟻《マーイー》島は実に風水的な位置付けがあったことからも、風水の影響は一般に容易に考えられる内陸部や農村地域に限らず、離島の漁村にも広く行きわたっていることが分かる。[2] 風水理論に、未来を予測する欲望が含まれていても、人間が自然界の未知を探り、人間と自然との良き関係を築こうとする努力が歴史の流れに潜んでいる。東洋独自の体系として生活に、特に居住に深い影響を与えたもので、様々なレベルでの研究と発見が求められる。

風水理論は特に「居住環境」に多くの注意を払い、人間の幸福に繋がるような可能性を求めた点は、多く研究すべきところであると考える。現代社会は、居住環境自身がもつ潜在力に対する関心度が薄まり、代わりに、それ以外の設備や技術手段に目を向ける傾向である。例えば「空調設備」による室内環境の改善、「警備システム」による防犯はそれである。また、医学の進歩により、居住環境による健康の改善や、居住の質の向上による病気の予防などに対する発想は重要ではなくなる。居住の「福祉力」の再発見は時代の課題であり、筆者が「風水」に目を向けた目的の一つともなっている。

本章は、「風水」に着目し、その理論体系における住居の取り組み、とりわけ居住環境の不備による悪い影響についての考え方、また、居住環境の整備を通して悪い影響への予防と対策の考え方を考察し、居住環境を人間の幸福の根本条件とする思想を明らかにしたい。

風水説に関する現代的研究は、デ・ホロートの『中国の風水思想』や村山智順の『朝鮮の風水』が代表的に挙げられ、渡邊欣雄、三浦国雄、堀込憲二をはじめとする近年の精力的な研究と出版も多数あり、諸分野からのアプローチは開拓されてきた。また、清家清の『家相の科学』は、日本の「家相」を対象に、住居学の立場から検討したものである。本章をお読みになるとき、これらの関連書物を参考すると良いと考える。

次は風水理論における基本的な要点を整理しながら、考察を進めたい。

2　風水の究極の目的——「気」による人間と自然の結びつき

風水理論に関する最も重要な古典である『葬書』[3]（晋・郭璞）は「風水」の定義について、『葬経』（青烏子）にある内容を引用しながら説明している。「経典いわく、気は、風が当たると散り、水が遮ると止まる。古人はそれを集めさせて散らないようにし、または、導いて（適当なところで）止めさせる。したがって、このことは『風水』と称する（気、乗風則散、界水則止。古人聚之使不散、行之使有止。故謂之風水）」と。この風水理論における有名な定義から分かるのは、風水は「気」を扱う学問で、とりわけ「風」のような自然現象や川などの地理的要素を重要視していることである。

現代的な定義として、デ・ホロートには、「準科学的な組織であり、死者や神霊や生者が、自然の好適な影響のもとに、専らもしくは能うかぎり永く、そこに落ち着くことができるようにするために、墓とか寺院や居宅をどこにどの様に造るべきかを人々に教示するものと想像されている組織」[4]とある。西洋の立場に立つ彼は、風水説を「準科学的」で、「想像されている組織」と位置付け、科学的な根拠の弱さを指摘したのである。それに対し、渡邊欣雄は文化人類学の立場から、「神秘力確保のための象徴空間の体系」[5]で、「環境影響評価法」[6]であると位置付けた。

『青嚢経』という風水古典を読むと分かるように、風水説は東洋思想における宇宙観に根を下ろし、とりわけ「天」、「地」、「人」の三者間の相互感応、均衡する関係を大切にすることである。[7] そこで、「陰陽」や「気」の思想は理論の根幹をなす（図10）。住宅や都市、あるいは死者の墓などは宇宙と同じ原理で考えられ、環境における「陰」と「陽」の二種の力の均衡と循環を大切にし、人間にとって有意義な「生気《せいき》」ある環境を得ようとする。「生気」こそ、人間の生存と幸福に関わる重要な鍵である。もし生活の場所は「凶気」あるいは「死気」を招く局面となると、そこに住む人間と生活の諸側面において不利な影響が出る、という考え方である。そこで、人間と自然との連繋が求められ、両者における協調性から幸福の源泉が見出される。

　風水説の応用に関して極めて多くの分野と流派が存在し、また、応用する人間のスキルと道徳水準によって、さらに様々なレベルがあり、応用の実態は多彩である。**表11**は中国明代までの重要な風水家をまとめたものである。それ以降も多くの風水家が活躍し、多くの著作を今日に残した。それを通して、長い歴史における風水説の膨大な展開をみることができる。

　デ・ホロートは中国の風水を二大学派に分類した。一つは、地形の形や輪郭の影響を重視した学派で、唐代の楊筠松を代表とし、一般に「形勢学派」あるいは「巒頭派」と称される学派で、もう一つは、八卦・十二支・星宿などの形而上学に重点を置いた学派で、宋代の朱熹を代表とし、

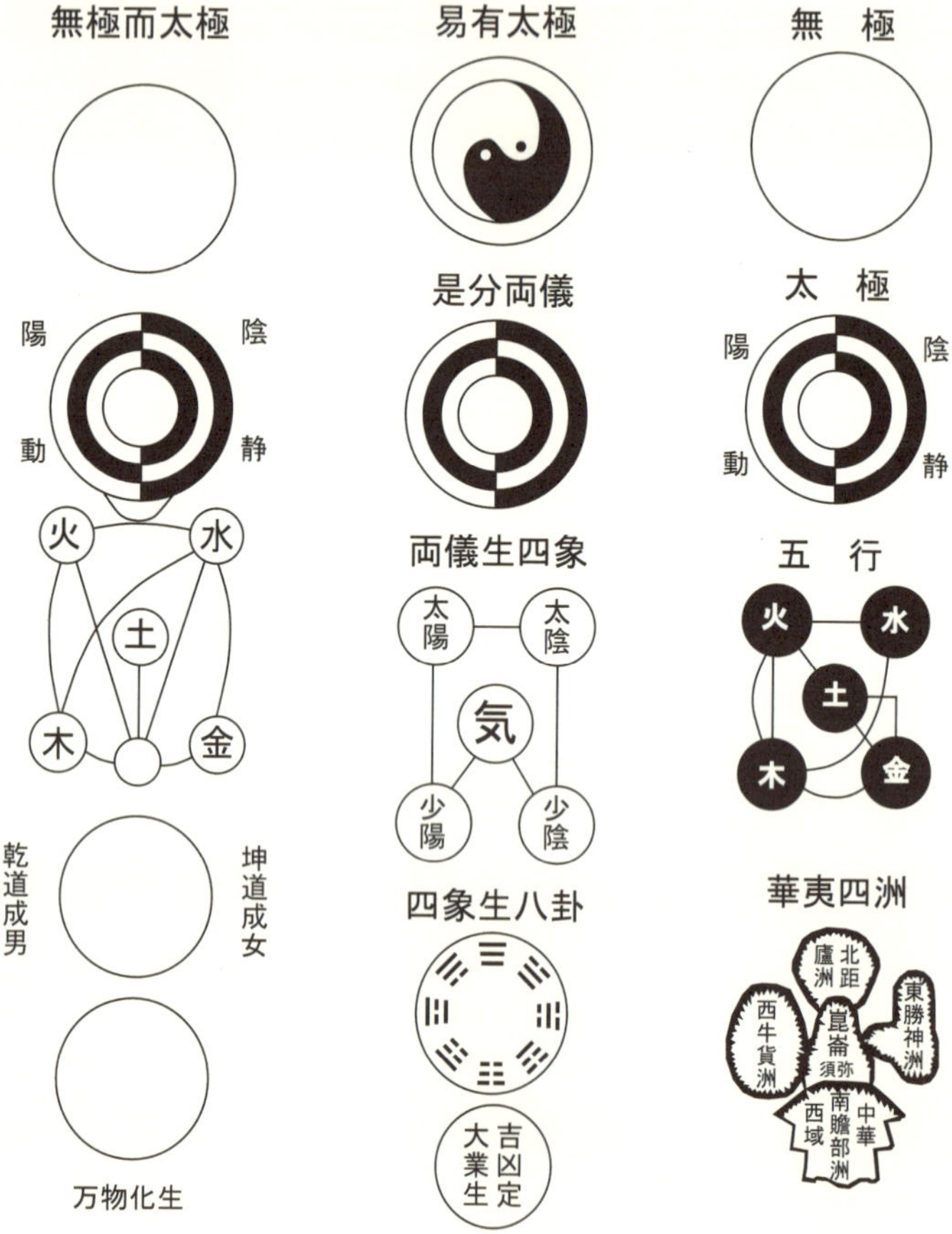

a. 周氏太極図　　b. 太極変卦図　　c. 太極開闢図

図10　天地万物の形成を説明する原理図

表11　歴史における風水家たち（明代まで）

時代	名前と主な著書
秦・漢・晋	樗里子 隠君子 ⇩『青嚢経』［風水書の「祖」］ 朱仙桃 ⇩『捜山記』 青烏先生 ⇩『葬経』［＝青烏経］ 張子房 ⇩『赤霆経』 京房 ⇩『六甲配卦図』 郭璞（景純）⇩『葬書』［＝錦嚢経］ 陶侃（仕衡）⇩『捉脈賦』 韓友（景）
	蕭吉（文休）梁武帝の兄。⇩『金海』『宅経』『葬経』 舒綽 李淳風 ⇩『陰陽正要』 張燕公 ⇩注釈『葬経』 一行禅師 ⇩『大衍暦分度』 司馬頭陀（馬仙）⇩『水法』 劉白頭 ⇩『海底眼』 浮屠泓 陳亜和 ⇩『撥沙経』

隋・唐

楊筠松（叔茂、救貧）⇩『疑龍経』『撼龍経』『立錐賦』（著書多し）
曽文遄　楊筠松の弟子。⇩『心鏡』『尋龍記』『陰陽問答』
範越鳳（可儀）　楊筠松の弟子。⇩『洞林秘訣』『尋龍入式歌』
厲伯紹　楊筠松の弟子。『分金断訣』
劉淼　楊筠松の弟子。『倒杖法』
葉七　楊筠松の同行人。
邵庭監　楊筠松の弟子。
頼文俊（布衣）　曽文遄の婿。⇩『催官篇』『旅寓集』
曾十七　曽文遄の弟子。
蘇粋明（霊一）　範越鳳の弟子。
丘延翰　範越鳳の弟子。『理気心印』
方十九　範越鳳の弟子。
張五郎　範越鳳の弟子。
丁玨
濮都監（応天、則巍）⇩『雪心賦』
劉雍　頼文俊の弟子。
廖瑀（精金）⇩『泄天機』
廖禹（精金）⇩『穴法』『黿極金精』
孫世南　廖禹の婿。
李五牙　廖禹の本箱の運ぶ人。
王応元　廖禹の弟子。

頼白鬢
李鴉鵲
鍾可朝
曾道立　孫世南の弟子。
李普照　劉雍の弟子。
謝玠　王応元と濮都監の弟子。
游潜 ⇩『游氏家伝啓蒙』
左仙 ⇩『龍経』
許亮 ⇩『太華経』

唐九仙
陳希夷（摶、図南）曾文遄の弟子。⇩『金鎖秘訣』
呉克誠　陳希夷の弟子。⇩『呉氏家伝口訣』
胡矮仙 ⇩『三十六穴図』『至宝経』
張子微　張道陵の末裔。『玉髄真経』
謝子逸 ⇩『三寶経』
蔡神與（牧堂）⇩『発微論』
劉七碗（江東）
鄭彦淵
劉子猷
丁応之　胡矮仙の弟子。
丘公亮（明之）　胡矮仙の弟子。

五代・宋

劉景清
劉応宝
茀子驤　劉七碗の弟子。
王禄道　劉七碗の弟子。
建心仙翁　劉七碗の弟子。
劉元正
劉景明
劉謙　⇩『嚢金』〔＝心経〕『最宝経』
劉種桃　劉元正の弟子。
劉見道（淵則）⇩『乗生秘宝経』
謝和卿（玨斎、玉元子）⇩『神宝経』『天宝経』
劉雲山
劉雲峰　劉雲山の弟。
劉二郎　王禄道の弟子。
劉子仙　王禄道の弟子。
呉景鸞（仲祥）　王禄道の弟子、呉克誠の息子。⇩『理気心印』
『龍格通玄歌』『呉氏秘訣』
宋花師　王禄道の弟子。
劉勾力　王禄道の弟子。
蕭才清　劉謙の弟子。
廖信甫　劉種桃の弟子。

李蓬洲　謝和卿の弟子。
劉雲岫
孫伯剛（毅臣、訥斎）劉氏の理論。
劉潜　司馬頭陀の末裔。『地理諸説』
鄒寛（仲容）廖禹の弟子。『大理歌』
傅伯通　廖禹の弟子、鄒寛の同期。『堪輿要約』
徐仁旺
王伋（肇卿、孔彰）
胡舜申　⇩『呉門忠告』
孫晤　青烏子の術
達僧　司馬頭陀の弟子。⇩『撼龍経』『天元一気』
鐸長老
方斗南　⇩『玄樹経』
張真人　⇩『陰陽正源』
祝秘　⇩『祝氏秘鉗』
梁饒
博立　⇩『俯察元機』
斎易岩　⇩『堪輿微義』
趙省欽　⇩『草象新書』
曽葛　⇩『俯察要覧大全』
劉文忠　⇩『平沙玉尺経』

元・明

張宗　漢代天師張道陵の末裔。
幕講僧　実名不詳。
非幻和尚
周仲高
劉用寅
渠仲霊
楊宗敏
廖均卿　廖瑀の末裔。
游朝宗
許国泰（享之）
裴士傑
徐拱
卜夢龍
楊院使者
呉仲寛
駱用卿
曾易明
谷宗網（以張）
陳後（啓先、寓）
呉折　呉景鸞の末裔。⇩『地理件目』［地理集解］。
傅地　傅伯通の後裔。⇩『金斗訣』『葬法』『一掌金』

李玄緒 ⇩『三易三元編』
陳彦繹 ⇩『業珠素書』
何徳宏 ⇩『何家沙法』
洪理 ⇩『地理摘奇』
徐長谷 ⇩『大地図』
周視 ⇩『陰陽定論』
南泉羅 ⇩『陰陽決疑』
龍岩樵 ⇩『堪輿正要』
謝延桂 ⇩『堪輿管見』
汪朝邦（用賓）
江仲京（林泉）
江本立（道生）
奚月川
周詔（天章）
李邦祥（和徴）
李景渓 ⇩『陽宅秘訣』『雷霆心法』
洪善祖（伯達）
徐懋栄（野雲）⇩『堪輿彙纂』
畢宗義
徐善継、徐善述　兄弟 ⇩『地理人子須知』

注：（ ）は風水家の別名、『 』は著書名、［ ］は著書の別名、または著書についての補足説明。
出典：『地理人子須知』と『堪輿部備考』。

一般に「理気学派」と称される学派である。一方、彼はこの二大学派について、全国の諸地方において限定して分けて示すことは極めて困難で、両派はともにそれぞれ融合しているところがある、と認めている。ここで、いわゆる「二大学派」にみられる「形勢」と「理気」の二つの傾向は、応用分野の違い、つまり「土地の選択」を主とする分野と「空間の計画」を主とする分野の違いによっても、理論の偏りが生じることを指摘できよう。

伝統的に、墓は個々別々に、あるいは家族単位に設けられるケースが多く、墓地計画の中心的な内容は適切な土地を選ぶことである。したがって、いわゆる「形勢学派」の理論は、多くは墓(「陰宅」と呼ばれる)の計画に関わる内容となり、代表的な書物は(晋)郭璞の『葬書』が挙げられる。それに対し、住宅計画の場合は都市あるいは村落という既定場所の中において行われ、未開の土地における場所の選定よりも、空間の配置計画が中心的な内容となる。空間の配置計画において、建物の方位や各部分の構成関係が考慮され、各々の関係を一定の論理(陰陽・五行・八卦などの理論)において整える。この風水の論理において計画を行うことは「陽宅納気」と言い、「理気」と言う。したがって、いわゆる「理気学派」の理論は、多くは住宅(「陽宅」と呼ばれる)の計画に関する知識で、代表的な書物は、『黄帝宅経』(『宅経』とも称し、後文で触れる)が挙げられる。「陽宅」部門と「陰宅」部門、あるいは「形勢学派」と「理気学派」を問わず、人間の幸福、具

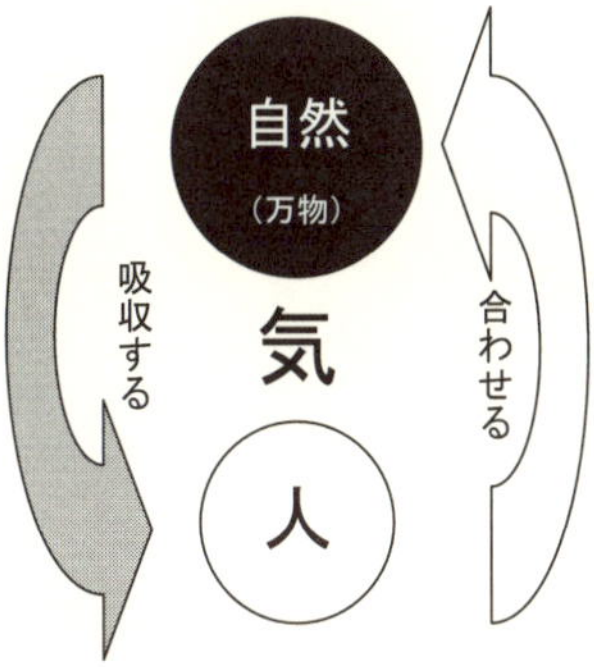

図11　「気」による人間と自然との結びつき

体的にみると、例えば健康と長寿、子孫の繁栄、良き出世などを追求することは共通の目標である。その手段は、「気」への配慮と取り組みであり、それを通して人間と自然が相反しない関係の獲得に根源を見出されるのである（図11）。

歴史における有名な風水師であった楊筠松は「救貧先生」と称されていたことから分かるように、風水師は医者や宗教者と同じく、人間を救い、幸福を導くことは本来の目的であった。しかし、その手段は薬や経典ではなく、環境の改善を通して人々を病気や貧困や不安から救おうとするのである。

3　住居についての風水説の考え方と計画要点

「陽宅」（住宅）と「陰宅」（墓）の二つの部門があることについて先ほど説明した。ここでは「陽宅」部門の理論に着目して、居住についての考え方やその計画要点についてみていきたい。

風水に関する最も古い文献の一つとみられる『黄帝宅経』（以下は『宅経』と標記）は、住居の本質について、いくつかの重要な観点を述べている。[8] 以下で四点ばかり挙げて検討する。書名として「黄帝」という伝説上の中国初代帝王の名が托されたが、その人物とは関係がないと指摘されてきた。著者と著書の年代は不詳である。

(1)「住宅は陰陽の枢軸であり、人倫の秩序と規範である」（陰陽之枢紐、人倫之軌模）。これは、住宅は宇宙と同じく、「陰陽」を宿り、その根源原理が存在し、社会秩序や倫理規範を左右する重要なものだと言っているのである。

(2)「人間は住居と切り離せない関係にある。住宅は、規模が様々であり、陰陽の観点からみても状況が様々であるが、たとえ一室でも、そこにはやはり善悪がある」（凡人所居、無不在宅。雖只大小不等、陰陽有殊、縦然客居一室之中、亦有善悪）。住宅は「陰陽の均衡を犯すと、災いを招き、計画を慎重にすれば、禍を逃すことができる。これはまったく薬で病気を治すと同じように有効である」（犯者有災、慎而禍止。猶薬病之効也）。これは住居の質の重要性を指摘したものである。住宅はただあれば良いのではなく、良質な居住が保障されてこそ、安全と健康が守られるのである。

(3)「〈陽〉は単独におらず〈陰〉を〈徳〉とし、〈陰〉は単独におらず〈陽〉を〈徳〉とする。これは、冬は暖かいことを〈徳〉とし、夏は涼しいことを〈徳〉とするのと同じである」(陽不独王以陰為徳、陰不独王以陽為徳、亦如冬以温暖為徳、夏以涼冷為徳)。ここで、住宅における「陰陽」の原理は、冬暖かく、夏涼しい環境で具体的に説明される。もちろん、「陰陽」を得た居住環境はこれだけの利点に限らず、物理的な環境から家族の人間関係まで、様々な良い側面をもたらすことが風水の文献から見出される。

(4)「住宅は人間の根本であり、人間は住宅を〈家〉とする。〈居〉は安定であれば、家族は栄え、不安であれば、家族は衰退する」(宅者人之本、人以宅為家。居若安、即家代昌吉、若不安、即門族衰微)。これは、住居は人間存在の根本条件であることを強調し、「安心居住」はその条件を満たしてくれる重要指標であることを指摘したものである。

「陽宅」理論は、住宅計画における立地や方位の選定、各部分の空間的な配置関係、建物の形状と寸法、周囲の環境との関係、建造(または修繕)の時期などの側面を重視し、諸方面からの周到な配慮と検討を求める。その計画理論の主軸はやはり「気」を主眼において展開することに特徴がある。「気」は土地の状況（この場合は「地気」という）と関係するほか、特に「門」（この場合は

「門気」という）と深く関わるという見方である。したがって、住宅の門を「吉」の方面に設けることは極めて重要となる。「気」はまた住宅周辺の道路・水路の状況や、樹木の有無、周辺住宅の高さと屋根の形状などと関係し、これらの周囲の状況を配慮して計画することも重要である。「気」を考慮し計画することは「納気」または「理気」と称される。なお、この理論体系についての詳細な考察はまた別の機会にしたい。

上の考察から分かるように、風水説は、住居を人間の存在と幸福の重要条件と認め、良質な居住環境の獲得を重要視する。そこで、「気」の概念が居住環境の計画と評価に応用され、詳しい考察と解明が必要となるが、「冬暖かく、夏涼しい」という分かりやすい説明から、東洋的な観点から認識された一種の環境状態と見なすことができよう。

悪い居住環境から人間はどのような負の影響を受け、風水はなぜ良質な居住環境にこだわるのか。次は風水説における「却病」（病気を退ける意味）の考え方に着目して考察したい。

4 居住環境の影響力と福祉力

風水説は住居に良い「気」を求めることは、理想の居住環境を求めることにほかならない。良

表12　人間関係や人間のあり方や家屋の被害

家族内の人間関係	【不孝】親不孝であること 【兄弟不和】兄弟の不和 【夫婦不和】夫婦の不和 【内乱滅倫】家族内での不倫関係 【風声】淫らな行為ができること
男性に関すること	【酗酒致命】大酒、命を落とすこと 【賭博犯禁】賭博、タブーを犯すこと 【男子貪花】娼妓を求めること
女性に関すること	【悍婦妬婦】凶暴で、嫉妬心が強いこと 【出婦休婦】離婚しがちであること 【醜婦拙婦】容姿が醜く、不器用である 【内助得否】良妻賢母になるかどうか
他人や社会との関係	【外人口角】人に悪口をされること 【誣頼上門】無実の罪を着せられること 【教唆悪極】他人に悪い事を教唆すること 【官符常遭】役所側に訴訟されること
家屋の被害	【人常招盗】空巣の被害に遇うこと 【火焚】火事に遇うこと
貧困と流浪	【流離播遷】家族離散になること 【遊食他方】流浪、乞食になること
その他	【奴僕班否】召使いが勤勉でないこと 【雑人夥居】様々な人が雑居になること

参考文献：魏清江『宅譜大成』台湾集文書局。

質な居住環境から、人間には健康と長寿と知恵と富などが生まれやすく、逆に居住環境が不備であると、様々な悪影響が出るという考え方があるからである。

清代の重要風水書である『宅譜大成』[9]は、不備な居住環境は個人に、社会に、また健康ないし育児などに不利な影響を与えることを指摘し（**表12**）、不利を回避するための住宅計画を進める。そこで、示された重要な考え方は、「催生」、つまり居住環境の整備による育児支援、及び「却病」、つまり居住環境による病気治療が興味深い。育児と病気治療に対する「居

表13　環境対策のために挙げられた病気の種類

病気の類型	病名あるいは病気の症状
感染病	【瘟疫】　疫病 【痢疫】　赤痢 【齁喘哮吼】　風邪の症状 【痰火労瘵】　結核
女性や小児の病気	【閉経不調】　生理不調 【崩漏】　妊娠中の出血 【陰蝕】　原虫や寄生虫による性感染症 【奶花乳癰】　乳腺炎 【孩無乳汁】　母乳が出ない 【搐筋慢驚】　小児の痙攣
内臓の病気	【痞塊池疸】　腹部にできるしこりや塊 【気痛】　気の不通による内臓の痛み 【停滞食積】　消化不良 【膨脹水蠱】　腹水やお腹の張れ 【絞腸陰症】　腸の病気 【気卵腎風】　脱腸や腎臓の病気
脳・神経と心の病気	【中風中痰】　脳卒中 【風疾】　精神病

住環境」の重要性が認識されていたことが伺える。ここでは「却病」の考え方に絞って考察する。**表13**はこの本に挙げられた種々様々な病名を分類して示したものである。病気の種類は幅が広く、これらの病気に対して様々な住宅改善策が述べられたとしても、医療効果があるかどうか疑問点が大いに残る。居住環境に対して医療効果を拡張しすぎ、人を迷信に導くのではないかという印象を受ける。

しかし、『宅譜大成』は居住環境の医療効果についてこのように位置付けている。

目・耳・鼻・咽喉・口腔と歯の病気	【目】、【耳】、【鼻】 【喉病項疾】　喉や首の部分の病気 【哽噎】　嚥下困難 【喑啞】　口のできないこと 【口】、【唇】、【牙】、【舌】
皮膚の病気	【痘麻】　皮膚にできる豆状の疱疹 【疥瘡癰疽】　皮膚病 【癬癩汚瘢】　皮膚病 【怪瘡悪毒】　皮膚にできる病気 【手指怪疾】　指にできる病気 【瞼面疾患】　顔にできる病気
運動器（骨・関節・筋など）の病	【駝腰駝背】　猫背になること 【矮子脚短】　背が低く、脚が短い 【脚疼】　脚が痛い 【跏子跛子】　脚が不自由になること 【癱子】　寝たきりになること
その他	【体気狐臭】　体臭が強いこと 【痔漏】　痔の病気 【瘿色贅疣】　首にできる疣、甲状腺腫 【弱症淋遺】　虚弱であること

参考文献：魏清江『宅譜大成』台湾集文書局。

「神農が百草を体験して良い処方をつくりだし、黄帝が天師に尋ねて巧みに調剤する。それでも治せない病気がある。ある家系に限って受け継がれるような病気には、居住環境の不備に由来するものがあり、「陰陽」の不調が根本の原因にある。もしそうであれば、「陰陽気化」による類の病気は本来「先天」的なものに属す。薬によって対処する病気は「後天」（つまり他人から移った病気や物理的な打撃による病気など）的なものに有効である」（神農嘗百草、医薬有方、黄帝問天師、調剤多術、乃亦有不瘳之疾。累代相招、闔門伝染者、毋乃宅基感召、卦

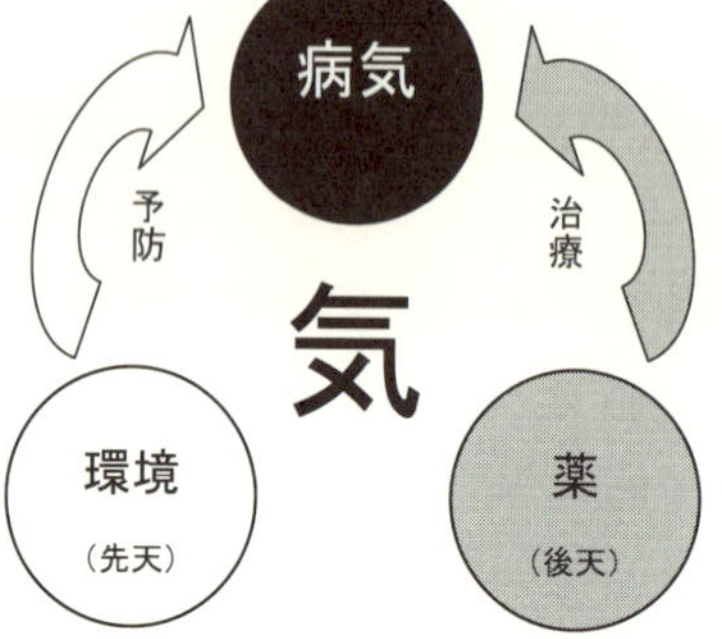

図12　医療技術とあわせて居住環境による病気予防の考え方

位干支有刑沖尅害之所致乎。陰陽気化応出是病本先天、草木薬石医治是病在後天）と。[10] つまり、居住環境に由来するような病気は「先天」的なものであり、居住環境の改善を通して治療する方が最も適切だということである。

これで分かるように、医学的な治療を否定しないが、風水説は病気の発生原因に注目し、医学的な療法で補えず、あるいは医学的な治療を施しても根本的な改善ではないところの、「環境的な」要因による病気を治療や予防の対象とし、居住環境の改善を通して補完しようとするのである（図12）。そこで、「住宅」は、最重要の環境要因と位置付け、その改善を通して病気の改善を図ろうとする点は注目すべきところであると考える。

単純に病名と風水説が主張する居住環境の「治療効果」に気をとられると、我々はついついその論理の牽強付会のところを感じ、迷信と考えてしまうが、冷静に分析すると、その論理に独自性が見出される。

ここで、「却病」を代表例としてみてきたが、風水説は病気に限らず、人間における様々な不利や災害の環境的な要因に着目し、居住環境をはじめ、様々な生活環境を改善することによって種々の不利を減らそうとするのである。

5　風水理論からの啓示

本章では風水説の要点を概観しながら、その理論体系の「陽宅」部門における「却病」の考え方を具体的に考察し、風水説が良質な「居住環境」を人間幸福の最重要な条件とする思想を明らかにした。風水における「陰宅」部門（墓づくり関係）の理論について具体的に取り上げていないが、死者に対しても同じ原理に基づくもので、「良質な居住環境を確保する」という考え方は変わりはない。

もちろん、風水説における良質な「居住環境」とは、良質な「気」を有するという独特な判断基準に基づくもので、今日の人間を理解させるために、現代に通じる「掛け橋」あるいは理解の「媒介」が必要となる。そこにまだ多くの課題が残る。しかし、「気」の概念は無用になったわけではない。「天気」、「本気」、「景気」、「元気」、「気勢」、「気持ち」、「気功」などなど、生活に溶け込んだ「気」の種々様々な応用を見ると、この東洋特有の現象についてさらに研究する必要性もある。

居住環境と生活、心理、発達、健康などとの繊細な関係については今日、必ずしも十分に関心がもたれ、研究されているわけではない。「設備」に目を奪われ、あるいは目先の経済利益に意をとられ、「居住環境」の本質を見失ってしまうことも決して少なくない。

住宅をはじめ、町や都市などは人間の生活場所として、利便性や物質的な豊かさが必要であるが、人間を豊かにする「福祉力」がもっと本質的で重要である。それを見失ってはならない。

注及び参考文献

1 李桓・重村力「水系との関わりからみた集落の空間構造に関する研究―中国安徽省徽州集落事例研究」『神戸大学自然科学研究科紀要』第一〇号（年刊誌）一九九二年三月、九五～一〇九頁。

2 李桓「中国大連マーイー島における地名と景観の調査―「離島」という形の人間環境に関する考察（その二）」『長崎総合科学大学紀要』第四四巻第一号、二〇〇三年一〇月、六九～七六頁。

3 （晋）郭璞、『葬書』、『学律討原』（清・張海鵬輯）第九集、上海商務印書館、一九二二年。

4 J. J. M. De Groot, *The Religious System of China*. 牧尾良海訳『中国の風水思想―古代地相術のバラード』第

一書房、一九八六年。
5 渡邊欣雄『風水思想と東アジア』人文書院、一九九三年、一三三頁。
6 渡邊欣雄「風水とは何か」『都市計画二四五』（日本都市計画学会）、Vol.52/No.4, 二〇〇三年一〇月二五日、八～九頁。
7 李桓「風水説における理念の考察」『日本建築学会計画系論文集』（月刊誌）第四六五号、一九九四年一一月、一一五～一二一頁。
8 作者不詳、『宅経』、『学律討原』（清・張海鵬輯）第九集、上海商務印書館、一九二三年。
9 （清）魏清江『宅譜大成』上・下、集文書局、一九八五年。
10 同前、八一一頁。

おわりに―「居住福祉社会」の構築へ向けて

以上、漢字の語源と風水説を考察し、東アジアにおける「居住」の意味を広い視点から眺め、「居住環境」に込められた福祉的な役割をみてきた。人間の「居住」は、「住宅に住む」という表象ではあるが、多くの意味と役割がある。そこに、安全や安心という基本的な前提が必要不可欠で、生きる豊かさや「幸福」という人生目標がある。豊かな居住を支えるために、物心両面において良質な「居住環境」は極めて重要な条件となる。したがって、住居をはじめ、町、都市ないし国土を含めた様々なレベルの生活空間は、確かな物づくりである上、高い「福祉力」を有し、豊かな人間と社会を育成するものであることが重要となる。近代建築の鼻祖であるル・コルビジュに「住むための機械」という住居についての有名な表現があるが、この小冊の考察を通して、彼の定義は十分ではないことが証明できる。住居は「人間を豊かにするための最重要な場所」でなければならない。

この小冊を書いている二〇〇五年の末、姉歯建築士によるマンションやホテルの耐震強度偽造問題が日本中を震撼させ、多くの人にショックと不安を与えた。複数の組織が絡む複雑な問題で、真相の究明が続けられているところであるが、「居住の不在」という時代の歪みが一端をみせたようにも思える。被害者の住民の立場から考えると、損したのはただの金銭や建築主に対する信頼だけではない。住居は存在の基盤であることを考えると、彼らにとってもっと大きな打撃は、生きる尊厳そのものが踏みにじられたことではないか。この事件はただ、建築基準法を違反したようなレベルのことではない。また、一部の個人や組織の利益優先主義がもたらした違法行為だけでもない。居住の尊厳を守る堅固たる社会基盤ができていないから、諸悪が温存する土壌ができやすいのである。昨今、詐欺を目的とし、高齢者を狙った悪質なリフォームの問題もその一端と言えよう。したがって、制度や政策を含めた抜本的な改善や「居住人権」を擁護する社会の構築を視座にしなければならない。

住居は社会と倫理の「規範」であるという風水説の指摘がある（二、3）。今日、社会の中で起きた様々な凶悪事件、特に幼い児童を狙った事件や未成年者による殺人事件が社会を震撼させている。京都府宇治市の学習塾で講師が生徒を殺害した事件がまた新たなショックを加える。社会の規範や秩序が崩れていないか、安全な地域と安心な生活はどこにあるのかという疑問が浮かんでくる。社会的な要因を探り、警備システムからの対策や防犯組織の強化などは言うまでもなく、良いことだが、伝統の風水説的な考え方を見習い、住居や地域にも目を向け、それらと関連して問題の潜在的な要因を探り、環境の面における「教育力」と「福祉力」の向上によって不備や不利が生じる可能性を抑えることも重要であろう。それがもっと本質的な点であるかもしれない。

「少子化」の問題も同様である。二、では、風水説における「催生」、つまり居住環境による育児支援の考え方について具体的に展開していないが、「居住環境」が貧しいと育児が妨げられることは十分に考えられる。したがって、少子化の問題の対策も「居住」を視野にしなければならない。

筆者は「居住」とそれを包み込む「居住環境」の重要性、なかんずく「住居」のような物的な生活基盤における福祉的な役割を提起したものの、現代社会における居住問題と照らし合わせた具体策については論じていない。それは筆者にとって新しい課題であるため、今後の研究において解明したい。これだけで読者に考えのきっかけを提供できれば幸いに考える。なお、日本社会における居住問題の実態に関しては、早川和男による『住宅貧乏物語』（岩波新書）という好著があり、ご参考になると良いと考える。

人間は「居住する」動物だが、居住の「弱者」でもある、と筆者は考える。それは「住居」において言うと、彼らはそれを生存の条件とし、良い住居によってこそ生き甲斐を得るとしながらも、自分の手や個人の経済力では容易に築けない、ということである。また、個人のスキルから言うと、「住む能力」は生まれつきのものではなく、学習と努力をしなければ向上しえないからである。したがって、個人にとっても、より良い居住を実現させるために、「社会の力」は大いに必要であり、社会政策からの取り組みが極めて重要となる。この点に関して、東アジアの歴史においては必ずしも十分な土台が築かれたわけではない、ということを自覚すべきであろう。

個々の住宅も町を形成する居住地も、またそこに含まれる居住文化も「社会の力」によって歴史を通して築かれ、やがて後の人に受けつがれていくものである。我々はその長い歴史において現在を享受し、また、現在求めうる最善を付け足すのだ。歴史に属する「居住環境」を現在の人間にだけ還元し、短命にすべきものではないと考える。

東アジアは西洋と違い、独自の近代化の道よりも西洋的近代化を踏襲してきた。急激な経済成長を成し遂げながら、激しい開発と大規模な土木建設を進め、生活様式と風景を激変させるのが東洋的近代化の特徴のようにみえる。近代の歴史を眺めると、我々の都市も住居も、西洋近代の特に「合理主義」の延長線上にあり、機能と効率と速度を優先するスピーディな開発によって、伝統や地域固有の生活文化を失いつつ、特に人情のある「居住」（近所付き合いやコミュニティ社会など）とそれを支える空間と場所が減少しつつある。「量」（戸数や面積）の問題が先にあるとしても、「質」への追求は社会的に軽視されてきたように感じる。

おおむね「個人消費」という住居観と「市場原理」に任せられた住宅の現状においては、解決しきれない問題が残り、経済力のある一部の人間を除けば、豊かな社会を「居住」によって支える「居住福祉社会」の構築は難しく、後世に伝えられるような居住地と居住環境の形成は望めない。居住の質の停滞ないし低下は、やがて社会の質を引っ張り、諸悪を生む要因にもなりかねない。

豊かな「居住」によって支えられる福祉社会の構築は二一世紀の重要課題である。

あとがき―「居住福祉」概念との出会い

筆者が「居住福祉」の概念と出会った契機は、早川和男先生（居住福祉学会会長）との交流による。筆者は一九八八年から一九九五年まで神戸大学に留学していたとき、当時在籍していた早川先生に出会ったが、直接の指導教官ではなかったため、その思想の細部に触れることはなかった。一九九七年一一月に先生に再会した際、新著の『居住福祉』（岩波新書）を頂いた。以降、先生が九〇年代後半神戸で開いていた市民講座の「居住講座」に足を運び、「日本居住福祉学会」が誕生する前の議論にも参加した。先生との交流により、先生が提唱した「居住福祉」の概念をだんだんと深く考えるようになった。なお、先生自身におけるこの概念の由縁は、高著の『居住福祉』の「むすびにかえて―私の住居研究」に説明がある。

正直なところ、この概念について最初はなかなか頭にピントが来なかった。なぜかと言うと、それは自分の建築学という専門とやや離れていて、「住宅」や「居住環境」というような具体的なイメージをつかみやすい概念と違うからである。先生の話しの中には、「住宅人権」だの、「住宅貧乏」だの、「住宅が傷病を生む」だの、「阪神大震災に学ぶ」だの、「高齢者の居住問題」だの、いろいろとあったが、それらは「居住福祉」とどのレベルにおいて結びつくのか、理解するのに時間がかかった。

序において「日中韓居住問題国際会議」に触れたが、この国際会議に参加した中国や韓国からの学者は早川先生の「居住福祉」の考え方に大きな関心を示し、質問を寄せた。特に二〇〇三年度の大連会場では、大連理工大学の社会学分野の柳中権教授から、この概念を学問分野として考える場合、どのような科目で構成されるかという質問があった。これはこの概念を巡る体系的学問的な可能性に関心を示した質問であった。

いくつかの日中学術交流の機会に、筆者は通訳に携わり、この概念を説明する難しさ、そして、この概念を説明する重要さに気付いた。難しい点の一つは、現代中国語に「福祉」という用語をあまり使わないことである。「福利」が使われるが、ニュアンスも中身も違う。中国で一般的に理解されている「福利」とは、ある部門における給料以外の、個人に還元される金や物、例えば米、お茶、生活用品、電気・水道代や住宅家賃の補助など、種目は様々であるが、独自の恩恵政策に関わるものである。収益の良い部門ほど、これらの「福利」も潤沢である。社会政策としての「福利政策」はあるが、主に政府レベルにおける「救貧救災」であり、生活能力のない人や災害に遭った人々に対する生活・医療援助などが内容となり、一般の生活と離れ、実感しやすいものではない。福祉の精神は社会主義制度自体に含まれる要素もあるため、中国は日本などと異なった福祉政策の背景と中身になる。説明する難しさのもう一つは「居住」と「福祉」の関係である。中国近年の住宅政策の動向はもっぱら、市場経済に向けての「住宅商品化」である。住宅が購入できない中・低収入層のための「廉租房」（低家賃住宅）政策の研究があるものの、「福祉」の思想や理論との接点は必ずしも強いものではない。

しかし、急激な経済成長に共振するような大規模な国土開発に際しては、「居住福祉」の視点が必要であることを筆者は実感した。公共建設（ダムなど）に伴う人々の故郷の喪失、旧市街地の再開発に伴う強制立退き、都市部の拡大による農地収用と農民の農業不能、世代間交流のない新興団地の大量出現、都市空間の車社会化などなど、「閑居」（一種のスローライフ）を至福とし、「安居楽業」の思想を大切にする国から「安居」が遠ざかりつつ、安心居住を支えるための良質な居住環境（物質的のみならず、社会的、文化的）の重要性が見失われつつある。

中国における「居住福祉」視点の必要性に加え、日中の学術交流を深める必要性、日本の経験を中国に紹介する必要性などから、筆者は早川先生の『居住福祉』を中国語に翻訳し、二〇〇五年五月に出版した。書名を『居住福利論』という中国語にし、「社会福祉と人類幸福における居住環境の意義」という意味の副題を付けた。翻訳をきっかけに、筆者は「居住福祉」の意味についてさらに考えるようになり、本書はその一つの結果である。

謝　辞

本書は、日本居住福祉学会誌である『居住福祉研究』に発表した「居住に関する漢字の語源にみる居住福祉の思想」という論文をベースに完成したものである。執筆に際し、日本居住福祉学会会長の早川和男先生に強い後押しと多くの気配りを頂いた。ここで謝意を表したい。出版に当たって、株式会社東信堂の二宮義隆様に適切なアドバイスと丁寧な校正を頂いた。あわせて感謝をしたい。

なお、短い期間で仕上げた本書には、熟考に至らないところが多々あると思う。いろいろな角度からのご指摘、ご助言などが頂ければ幸いである。

「居住福祉ブックレット」刊行予定

☆2006年3月刊、以下続刊(刊行順不同、書名は仮題を含む)

☆1	居住福祉資源発見の旅	早川　和男(長崎総合科学大学教授)
☆2	どこへ行く住宅政策	本間　義人(法政大学教授)
☆3	漢字の語源にみる居住福祉の思想	李　　桓(長崎総合科学大学助教授)
4	住むことは生きること−住宅再建支援に取り組む	片山　善博(鳥取県知事)
5	地域から発信する居住福祉	野口　定久(日本福祉大学教授)
6	麦の郷の世界−高齢者・障害者と居住福祉	伊藤　静美・田中秀樹(麦の郷)
7	障害をもつ人の居住政策	大本　圭野(東京経済大学教授)
8	ウトロで居住の権利を闘う	斎藤　正樹＋ウトロ住民
9	居住の権利−世界人権規約の視点から	熊野　勝之(弁護士)
10	シックハウスへの挑戦−企業の取り組み	後藤三郎・迎田允武(健康住宅研究会)
11	スウエーデンのシックハウス対策	早川　潤一(中部学院大学助教授)
12	寅さんと居住福祉	鍋谷　州春(「社会保障」編集長)
13	ホームレスから日本を見れば	ありむら潜(釜ヶ崎のまち再生フォーラム)
14	私が目指した鷹巣町の居住福祉	岩川　　徹(前秋田県鷹巣町長)
15	沢内村の福祉活動−これまでとこれから	高橋　典成(ワークステーション湯田・沢内)
16	農山漁村の居住福祉資源	上村　　一(社会教育家・建築家)
17	中山間地域と高齢者の住まい	金山　隆一(地域計画総合研究所長)
18	居住福祉法学の構想	吉田　邦彦(北海道大学教授)
19	居住福祉とジャーナリズム	神野　武美(朝日新聞記者)
20	包括医療の時代−役割と実践例	坂本　敦司(自治医科大学教授)他
21	健康と住居	入江　建久(新潟医療福祉大教授)
22	地場工務店とともに	山本　里見(全国健康住宅サミット会長)
23	ならまちの暮らしと福祉	黒田　睦子(ならまち前理事長)
24	世界の借家人運動	高島　一夫(日本借地借家人連合)
25	子どもの道くさ	水月昭道(九州大学研究生)
26	居住福祉学への誘い	日本居住福祉学会編

(以下続刊)

著者紹介

李　桓（り　かん）

1962年、中国安徽省に生まれる。1988年に来日し、1995年、神戸大学大学院自然科学研究科博士課程修了。

現在、長崎総合科学大学人間環境学部助教授兼大学院工学研究科助教授。居住、都市、風景、環境などを課題に取り組んでいる。

著　書

『人間環境学への招待』（共著、丸善、2002年）

（居住福祉ブックレット３）

漢字の語源にみる居住福祉の思想

2006年３月25日　　初　版　第１刷発行　　（検印省略）

＊定価は裏表紙に表示してあります

著者©李　桓　装幀 桂川潤　発行者 下田勝司　　印刷・製本　㈱カジャーレ

東京都文京区向丘1-20-6　郵便振替00110-6-37828

〒113-0023　TEL（03）3818-5521㈹　FAX（03）3818-5514　発行所 株式会社 東信堂

E-mail：tk203444@fsinet.or.jp

Published by **TOSHINDO PUBLISHING CO., LTD.**

1-20-6, Mukougaoka, Bunkyo-ku, Tokyo, 113-0023, Japan

http://www.toshindo-pub.com/

ISBN4-88713-660-9 C3336©**Huan Li**

「居住福祉ブックレット」刊行に際して

安全で安心できる居住は、人間生存の基盤であり、健康や福祉や社会の基礎であり、基本的人権であるという趣旨の「居住福祉」に関わる様々のテーマと視点――理論、思想、実践、ノウハウ、その他から、レベルは高度に保ちながら、多面的、具体的にやさしく述べ、研究者、市民、学生、行政官、実務家等に供するものです。高校生や市民の学習活動にも使われることを期待しています。単なる専門知識の開陳や研究成果の発表や実践報告、紹介等でなく、それらを前提にしながら、上記趣旨に関して、今一番社会に向かって言わねばならないことを本ブックレットに凝集していく予定です。

2006年3月

日本居住福祉学会
株式会社　東信堂

日本居住福祉学会のご案内

〔趣　　旨〕

人はすべてこの地球上で生きています。安心できる「居住」は生存・生活・福祉の基礎であり、基本的人権です。私たちの住む住居、居住地、地域、都市、農山漁村、国土などの居住環境そのものが、人々の安全で安心して生き、暮らす基盤に他なりません。

本学会は、「健康・福祉・文化環境」として子孫に受け継がれていく「居住福祉社会」の実現に必要な諸条件を、研究者、専門家、市民、行政等がともに調査研究し、これに資することを目的とします。

〔活動方針〕

(1)居住の現実から「住むこと」の意義を調査研究します。

(2)社会における様々な居住をめぐる問題の実態や「居住の権利」「居住福祉」実現に努力する地域を現地に訪ね、住民との交流を通じて、人権、生活、福祉、健康、発達、文化、社会環境等としての居住の条件とそれを可能にする居住福祉政策、まちづくりの実践等について調査研究します。

(3)国際的な居住福祉に関わる制度、政策、国民的取り組み等を調査研究し、連携します。

(4)居住福祉にかかわる諸課題の解決に向け、調査研究の成果を行政改革や政策形成に反映させるように努めます。

学会事務局

〒466－8666　名古屋市昭和区八事本町101－2
中京大学　総合政策学部
岡本研究室気付
TEL　052－835－7652
FAX　052－835－7197
E-mail：yokamoto@mecl.chukyo-u.ac.jp